AF371231

La partition, piano et chant, se trouve chez M. CHALLIOT, éditeur
RUE SAINT-HONORÉ, 354

THÉATRE DES NÉOTHERMES

LES DEUX ÉPAGNEULS

OPÉRA-COMIQUE EN UN ACTE, ET EN VERS LIBRES

Paroles de M. Édouard FOURNIER

MUSIQUE DE M. CHARLES MANRY

Représenté, pour la première fois, à Paris, aux NÉOTHERMES,
le 19 décembre 1854

PRIX : 60 CENTIMES.

Paris

BECK, LIBRAIRE, RUE DES GRANDS-AUGUSTINS, 20

1855

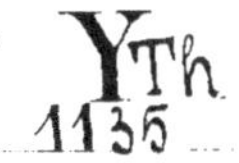

LES DEUX ÉPAGNEULS

OPÉRA-COMIQUE EN UN ACTE, ET EN VERS LIBRES

Paroles de M. Édouard FOURNIER

MUSIQUE DE M. CHARLES MANRY

Représenté pour la première fois, à Paris, aux NÉOTHERMES, le 19 décembre 1854.

PERSONNAGES.

BICHONNET, oncle de Clarisse (50 ans environ).....................
CLARISSE...
ARMAND, officier aux gardes françaises.............................
FANFARE, tambour dans la compagnie d'Armand........................
JACQUOT dit GRILLEMANN, suisse de l'hôtel de la marquise de Pompadour.

La scène est à Paris, dans l'appartement de M. Bichonnet

Le théâtre représente un joli salon; porte au fond; fenêtres à droite et à gauche, dans les angles, de chaque côté de la porte; table, à droite de la scène : au premier plan, chaises, fauteuils.

SCÈNE PREMIÈRE.

FANFARE, CLARISSE.

(Ils sont assis tous deux, pensifs, l'un à droite, l'autre à gauche du théâtre. Les yeux tournés chacun vers la fenêtre qui lui fait face.)

DUO.

CLARISSE, *elle s'est levée pendant la ritournelle et est allée regarder par la fenêtre.*

Je regarde en vain dans la rue,
Armand n'arrive pas encor.

FANFARE, *qui s'est aussi levé pour regarder dans la rue.*

Je regarde à perte de vue
Je ne vois pas ce pauvre Azor.

CLARISSE, *revenant sur le devant de la scène.*

Le moment du départ approche,
Faudra-t-il partir sans le voir.

FANFARE, *de même.*

S'il est perdu quel anicroche,
Comme on va mal nous recevoir.

CLARISSE.

Mon méchant oncle ainsi l'emporte.

FANFARE.

Certe on va me mettre à la porte.

CLARISSE.

Ah! quel malheur.

FANFARE.

Ah! quel guignon!
L'on va nous chasser sans façon.

ENSEMBLE.

CLARISSE.

Mon oncle persiste
Il faut fuir hélas!
Armand ne vient pas,
J'ai le cœur tout triste :
Quel sort est le mien
Je n'espère rien.

FANFARE.

Mon Dieu que c'est triste!
Je ne le vois pas.
Ah! que faire hélas!
J'ai suivi sa piste,
Mais sans trouver rien ;
Ah! le maudit chien.

(Ils traversent le théâtre sans se voir, Clarisse dans le fond, Fanfare sur le devant.)

CLARISSE.

Faut-il fuir ainsi ce qu'on aime.

FANFARE.
C'était la gentillesse même.

CLARISSE.
Il me chérissait tant
Ce pauvre Armand!

FANFARE.
Il était si charmant
Si caressant!

CLARISSE.
L'heureux caractère.
Comme il était doux;
Pas du tout colère,
Presque pas jaloux.

FANFARE.
Qu'il était aimable!
Pas un coup dent.
Quel chien raisonnable!
Qu'il était décent!

CLARISSE.
Il n'est pas de plus dur martyre,
Je partirai sans lui rien dire
Cruel amant!

FANFARE.
Maudit toutou
Il s'en est allé sans dire où.

REPRISE DE L'ENSEMBLE.

(*Fin du duo.*)

FANFARE, *sans voir Clarisse.*
Ah!

CLARISSE, *sans voir Fanfare.*
Ah!

FANFARE, *de même.*
Hélas!

CLARISSE, *de même.*
Hélas!

FANFARE, *de même.*
Sort cruel!

CLARISSE, *de même.*
Sort barbare.

FANFARE, *de même.*
C'est drôle ! ici l'écho
Me prend au mot.
(*Apercevant Clarisse.*)
C'est vous, Mademoiselle,

CLARISSE.
Eh! c'était toi Fanfare;
Toi, que je trouve gémissant!

FANFARE.
J'attends ici, monsieur Armand
Dont je suis le brosseur, disons mieux, l'ordonnance,
Et je m'afflige un peu pour me désennuyer.

CLARISSE.
Ah! c'est chanter, Fanfare, un air de circonstance!

FANFARE.
Je le vois.

CLARISSE.
Ah! comment ne pas se désoler
Quand on va quitter ce qu'on aime.
Mon oncle veut partir aujourd'hui même!

FANFARE.
Le brutal ! si j'ai bien compris,
C'est pour se consoler de n'être pas marquis
Que monsieur Bichonnet s'exile!

CLARISSE.
Ce titre hélas! lui fut si bien promis,
Grâce à mon cher Armand, et grâce à ses amis.

FANFARE, *à part.*
L'oncle d'ailleurs paya bon prix!
(*Haut.*)
Oui, l'on me l'a dit par la ville !
(*A part.*)
Mais j'y soupçonnais quelque tour
De madame de Pompadour.
(*Haut.*)
Ancien docteur des chiens et des meutes de France,
Médecin, autrefois fort utile à l'État,
On le récompensait avec un marquisat ;
Eh ! mais, c'est fort juste, je pense,
Pour ses nobles chiens, notre roi
Ne devait pas, selon moi,
Montrer moins de reconnaissance.

CLARISSE.
Rien n'arrive!... à présent au nom de Bichonnet,
Il frissonne, il tremble!

FANFARE, *à part.*
En effet!
Pour un marquis ce nom-là n'est pas fait,
Et bien mieux, certe, il conviendrait
A quelqu'un de sa clientelle.
(*Haut.*)
Il s'enfuit donc, quand on l'appelle,
Comme...

CLARISSE, *vivement.*
Eh! oui, justement, ce n'est pas tout encor;
Il rougit, pâlit, perd la tête
Rien qu'a voir un Carlin...

FANFARE.
Je connais un poëte
Qui fuit ainsi, dès que l'on siffle... azor.

CLARISSE.
Mais il veut fuir aussi, lui, jusqu'au bout du globe !
Sa fureur devient...

FANFARE.
Hydrophobe!... [jourd'hui,
Le pauvre homme!... eh bien, moi, croiriez-vous qu'au-
Rien qu'au seul nom d'un chien, je tremble comme lui.

CLARISSE.
Comment?

FANFARE.
Vous allez voir... hier, jour de dimanche,
Lisette, ayant cornette blanche,
Souliers fins, jupe à l'avenant,
Avait saisi mon bras, pour faire un tour au champ.
Dieu sait, comme elle était heureuse
De quitter madame d'Olbreuse,
La tante de monsieur Armand,
Et moi, comme j'étais fringant!
Elle tenait mon cœur en lesse,

Mais, hélas! il n'était pas seul.
Le désagréable épagneul
De sa très-revêche maîtresse,
Azor, en grondant nous suivait :
On l'oubliait, tant qu'on pouvait,
Et si bien, qu'au milieu de notre promenade,
Pendant que nos deux cœurs resserraient leur lien ,
Le camarade
Cassa le sien!
Il s'en alla dans les herbes
A travers bois,
Et nous, faisant mentir le plus doux des proverbes,
Nous en revînmes deux, étant arrivés trois!

CLARISSE.

Est-il retrouvé?

FANFARE.

Non !... et voyez la disgrâce
De la pauvre Lisette : elle perdra sa place ;
Et plus de mariage, alors... car le tambour
Doit, c'est formel dans l'ordonnance,
Épouser une femme, ayant sa subsistance ..
Sans compter son amour.

CLARISSE.

Mais madame d'Olbreuse aura compris, je pense ;

FANFARE.

Oui, que les sentiments
Amènent des... égarements!
Vous la connaissez mal... elle est sans indulgence,
Car, voyez-vous, s'il manque son roquet,
Ses singes, ses serins, ses chats, son perroquet
Son ménage n'est pas complet.
Elle a déjà, cent fois, de sa voix la plus tendre
Demandé l'aimable animal.
Jusqu'à présent Lisette a pu lui faire entendre,
Que de la promenade, il s'est trouvé très-mal,
Qu'il a pris un gros rhume en flairant la rosée,
Qu'une patte est paralysée,
Et qu'enfin, nous l'avons conduit à l'hôpital!

CLARISSE.

Très-bien !

FANFARE.

Oui mais, demain, l'âme compatissante,
Elle veut visiter la bête agonisante,
Porter à son toutou, plein de contusions,
Des biscuits, du sucre, et... des consolations.
Il faut donc, dès ce soir, que l'épagneul paraisse
Et qu'on le rende à sa maîtresse,
Dodu, peigné, frisé, frétillant, gras et frais;
Nous saurons le guérir exprès,
Sinon, adieu Lisette, adieu, je le répète!
Et Fanfare devra s'en aller sans trompette...
Maudit chien !... il est laid d'abord...

CLARISSE.

Mais bien chéri,
Et, ce qui de la tante augmente la tendresse,
C'est qu'il est tout pareil au toutou favori
Qui charme, par sa gentillesse,
La marquise de Pompadour.
Comme lui, joli fait au tour ..

FANFARE, *un peu ironiquement.*

Ayant la même grâce, il obtient même amour.

CLARISSE.

C'est vrai que la marquise idolâtre à la rage
Son épagneul... on en parle à la cour
Comme d'un personnage.

FANFARE.

Si bien, moi, qu'entendant exalter sa faveur,
J'ai cru longtemps qu'on parlait d'un seigneur.

CLARISSE.

Il a ses gens, sa valetaille...

FANFARE.

Laquais dorés sur toute taille.

CLARISSE.

Il a même ses courtisans.

FANFARE.

Qui, près du favori, minaudant leurs courbettes,
Viennent, en chiens couchants,
Porter, au lieu d'encens
Fines gimblettes,
Fins bonbons, qu'il accueille avec un coup de dent
On ne peut plus reconnaissant.
Mais, si quelque valet, près de la noble bête,
Fait mal son service obligé,
Oh! malheur à lui! son affaire est faite!
Il y va presque de la tête !

CLARISSE.

Le dernier suisse eut son congé
Pour avoir, ignorant son rare caractère,
Pris l'illustre épagneul pour un chien ordinaire.

FANFARE.

On parle aussi d'un page fustigé,
Pour l'avoir trop longtemps laissé dans le parterre,
Ou pour avoir souffert
Qu'il prit dans la rue, au grand air,
Un petit goût d'indépendance ;
Enfin, jusqu'à demain, je crois, on en dirait
Sur ce grand, ce fameux, ce noble Bich...

CLARISSE, *vivement.*

Silence!
Si mon oncle venait
Et s'il vous entendait,
Ce nom lui semblerait
Le plus grand des crimes.

FANFARE.

Il n'aime pas les homonymes!
L'ingrat!... et c'est pourtant, parce que de sa main,
Il guérit ce bichon, qu'on l'a fait son parrain.
C'est à lui qu'il doit, c'est certain,
L'amitié que toujours la marquise lui porte :
Si son titre lui vient... peut-être que....

CLARISSE.

N'importe,
Rien qu'à ce nom, s'il l'entendait,
Je vous l'ai dit, il s'enfuirait...

(*Avec un gros soupir.*)

Et s'il part... d'y penser mon chagrin s'en augmente,
Adieu, Fanfare, adieu, je monte chez la tante

De mon aimable Armand...
(*Elle va vers la table prendre son éventail.*)
FANFARE.
            Oh! multiple guignon!
Celui qui vous tourmente,
Vient de deux Bichonnet, le nôtre d'un bichon.
            (*Clarisse sort.*)

SCÈNE II.

FANFARE, *seul.*

Je crois, morbleu, que je plaisante!
Non! ce serait d'un mauvais cœur,
Car, je perds tout... amour, bonheur.

PREMIER COUPLET.

Nous aurions fait si bon ménage:
Tout au plaisir, tout à l'amour,
On n'eût entendu de tapage
Que celui de mon gai tambour.
Nous aurions mené la tendresse,
Au petit pas, tout doucement;
J'aurais éconduit la tristesse,
Et le guignon tambour battant.

    Mais hélas! j'y pense,
    Mon cœur éperdu,
    Perd toute espérance
    Pour un chien perdu.

DEUXIÈME COUPLET.

Lisette eût été cantinière,
Portant avec un noble orgueil
Sur l' côté le pompon militaire,
Et le carquois d'amour dans l'œil.
A tous versant le petit verre,
Elle eût baptisé not' drapeau;
Elle aurait été pour la guerre
Une Jeanne d'Arc, ou peu s'en faut...
    Mais, etc.

        (*Il s'assied tout triste.*)

Mais Monsieur Armand ne vient pas!
(*Écoutant.*)
J'entends pourtant un bruit de pas.

SCÈNE III.

FANFARE, GRILLEMANN.

GRILLEMANN, *passant sa tête par la porte, qu'il en-
tr'ouvre, et parlant avec un accent germanique
très-prononcé.*
        Est-ici matame d'Olpreuse?
        FANFARE, *sans se déranger.*
Au dessus!

            GRILLEMANN.
        Au-dessous... alors je fais plus pas.
            FANFARE.
Non! puisque c'est plus haut! Quelle cervelle creuse!

GRILLEMANN.
Grand merci!
(*Revenant.*)
        Monsir?
        FANFARE.
            Hein! encore!
    GRILLEMANN.
                    Cependant...
        FANFARE, *se levant.*
    Faut-il avoir avec ce Suisse
    Une querelle d'allemand!
Sortirez-vous?
        GRILLEMANN, *en bon français.*
        Fanfare!
    FANFARE, *lui prenant les mains avec effusion.*
        Eh! Jacquot!
        GRILLEMANN, *mystérieusement.*
                    Mon service
Veut qu'à présent mon nom se prononce...
        FANFARE.
                    Comment?

        GRILLEMANN.
Grillemann!

        FANFARE.
    La licence est fort helvétienne.
        GRILLEMANN.
Manière de parler, chaque peuple à la sienne.
        FANFARE.
    D'où te vient ce déguisement
    De langage... et cet uniforme
        Si différent
De celui qu'on t'a vu jadis au régiment!
        GRILLEMANN.
    Que veux-tu, mon cher, on se forme!
        De Montmartre, né natif,
        Avec l'esprit inventif,
    Je me rouillais dans ce plâtre;
    Je voulus un autre théâtre.
        Dans Paris
        Je descendis
        Et je vis
Que le Parisien, là, n'est jamais prophète,
    Que c'est l'étranger qu'on y fête.
    Je l'étais... mais, pas d'assez loin
    Pour réussir: j'avais besoin
    D'une teinte plus exotique,
    Des montagnes fidèle enfant,
Montmartre est un petit Mont-Blanc,
    Je pris la nuance... helvétique,
    Et soudain, d'un hôtel princier,
    Aussi bien qu'un Suisse authentique,
    Moi, Jacquot! je devins portier...
        FANFARE.
Et l'accent?

        GRILLEMANN.
    Je l'avais... j'en ai fait la dépense
    Tout exprès pour la circonstance.
        FANFARE.
La dépense! comment?

GRILLEMANN.
Voici!... dans mon quartier,
Je connaissais un pâtissier
Certainement originaire
Du beau pays... du vulnéraire,
Et qui baragouinait!... Oh! les douze cantons,
Du bon français, mon cher, donneraient des leçons
Auprès de lui.

FANFARE.
Très-bien!

GRILLEMANN
J'allai dans sa boutique;
Et me frottant à son jargon,
De mon nouvel emploi, je me donnai le ton,
Tant, que j'en eus, mon brave, une indigestion.

FANFARE.
Comment donc?

GRILLEMANN.
En bonne pratique,
Pendant qu'il me parlait, pendant que j'apprenais,
Je mangeais ses gâteaux, souvent assez peu frais,
Il me disait : « Brenez, Monsir, cette prioche. »

FANFARE.
Elle était?

GRILLEMANN.
Rance, hélas! mais le ton... excellent.
J'allai donc toujours avalant;
Bien des fois, j'ai vidé ma poche,
Mon estomac criait souvent
Et non sans raison... mais n'importe,
Sur ma langue restait l'accent;
Aussi, me voilà maintenant
Suisse, au grand complet... parlant
Le vrai langage de la porte,
Pas Ottomane... cependant.

FANFARE.
De qu'elle porte, alors?...

GRILLEMANN.
Oh! de la plus exquise :
Je suis depuis trois jours, portier chez la marquise
De Pompadour.

FANFARE.
Le vrai concierge de l'Amour

GRILLEMANN.
Oui, mon cher, et quel doux service !
Quels profits!... Pour cette maison
Bien sûr, on fit le vieux dicton...
Tu sais : point d'argent, pas de Suisse.

PREMIER COUPLET.

J'ai servi, dans plus d'une attaque,
Cupidon et Mars, en vainqueur;
Depuis, j'ai changé de casaque,
Mais rien n'a pu changer mon cœur.
Là qui me demande? une belle!
Présent !
Plus loin, c'est l'époux qui m'appelle :
Absent!

Qui, jadis vaillant mousquetaire
Du roi
Est maintenant suisse à Cythère?
C'est moi !
Dans mon doux service
Il ne manque rien ;
Pour être un vrai Suisse,
Morbleu! je bois bien.

DEUXIÈME COUPLET.

Fidèle gardien d'une porte,
Je l'ouvre, avec tous ses verroux,
Devant l'amour et son escorte,
Et la ferme au nez d'un jaloux.
C'est en vain qu'il peste et qu'il tape
Toc, toc.
Je reste, tout le temps qu'il frappe,
Un roc.
Parfois, me force-t-il à prendre
Son or.
Je prends, mais je le fais attendre
Encor!
Dans mon doux service, etc.

FANFARE.
Mais quel est ton office enfin

GRILLEMANN.
Il est le même
Qu'en toute autre bonne maison ;
Seulement, sur un plus grand ton.

FANFARE.
J'entends, pour monter sa garde
On a la hallebarde
Au lieu du bâton...
On n'en livre que mieux bataille
Aux chiens hargneux, à la canaille

GRILLEMANN.
Fi donc!
Pour qui me prend-on ?
Ma consigne,
S'il vous plaît,
N'a rien d'indigne.
La voici toute en ligne :
Porter ordre, lettre, billet...
Puis, en faisant le guet,
Bien entourer toujours d'égards.

FANFARE.
Qui?

GRILLEMANN.
Bichonnet !

FANFARE, *à mi-voix*.
Ah ! c'est cela, je l'attendais.

GRILLEMANN.
Tu le connais?...

FANFARE, *souriant*.
Certes!...

GRILLEMANN.
Et tu l'as vu souvent?... moi, pas encore.
Mais je ne suis pas un niais ;
A la façon dont on l'adore,
Dont on l'honore,

Je vois que c'est un grand seigneur.

FANFARE, *à part.*

Laissons-le dans son erreur,
Ça pourra devenir drôle.

GRILLEMANN.

Pour mieux être dans mon rôle,
Je voulus cependant bien savoir ce qu'il est.

FANFARE.

Fort bien !

GRILLEMANN.

Montrez-moi, s'il vous plaît,
Disais-je alors, monsieur de Bichonnet.

FANFARE, *à part.*

Ah ! Monsieur est charmant...

GRILLEMANN.

Justement, on riait,
Comme toi. Mais Jacquot n'est pas un gaillard certe,
Qui, pour si peu se déconcerte.
Devinant qu'il fallait lui faire plus d'honneur,
Je n'en ai plus parlé, qu'en présentant les armes,
Et disant : Monseigneur.

FANFARE.

C'était mieux...

GRILLEMANN.

Eh bien ! non... l'on a ri jusqu'aux larmes,
Je te demande un peu pourquoi?
Je m'en suis tenu là...

FANFARE.

C'est une maladresse.
A ta place, moi,
J'aurais poussé jusqu'à l'altesse.

GRILLEMANN.

Bath ! sans plus de façon, nuit et jour, je suis prêt
A saluer, fidèle à mon service,
L'illustre Bichonnet
D'un salut poli... quoique suisse.

FANFARE.

Eh ! mais, tu perds peut-être ici l'occasion
De le connaître...

GRILLEMANN.

Eh ! oui, c'est vrai.

FANFARE, *à part, riant.*

S'il faut qu'il sorte,
Voilà mon portier à la porte !

GRILLEMANN, *en prenant une lettre dans sa poche.*
D'ailleurs, j'oublie aussi cette commission.
Je monte... Adieu, tapin !

FANFARE.

Bonsoir, Suisse... postiche.

GRILLEMANN.

Je vais porter ma lettre, et puis vers mon fétiche,
Je retourne à l'instant.

FANFARE.

De la missive, au moins, dis-moi l'adresse.

GRILLEMANN.

Volontiers, lis :

FANFARE, *lisant.*

« Madame la comtesse
« D'Olbreuse... pour monsieur Armand. »

SCÈNE IV.

LES MÊMES, ARMAND, *entrant vivement.*

ARMAND, *il a entendu ce que vient de lire Fanfare.*

Une lettre, pour moi, montre !

GRILLEMANN, *reprenant son accent.*

C'est pour Monsir... quelle rencontre.

ARMAND, *à Grillemann, qui est à sa droite, tandis
que Fanfare est à gauche.*

Dis donc : Monsieur... tout uniment,
Ça te donnera moins de peine.
Je te connais Jacquot...

GRILLEMANN.

C'est vrai, mon capitaine !

(*A part.*)

Décidément,
Mon pauvre accent,
N'est pas un bon déguisement...
J'en serai pour mes frais.

(*Il retourne près de Fanfare.*)

ARMAND, *qui a lu.*

Ravissante nouvelle !
On fait pour Bichonnet, tout ce qu'on a promis.

GRILLEMANN, *à Fanfare.*

Bichonnet ! toujours...

ARMAND.

Il sera marquis !

GRILLEMANN.

C'est un marquis !

ARMAND.

Pourvu qu'il demeure à Paris...
Excellente marquise !... aussi bonne que belle !...

GRILLEMANN, *à Fanfare.*

Vois ! j'avais raison sur l'honneur ;
Mais, pourquoi donc alors, avait-on l'air moqueur
Quand je l'appelais : Monseigneur?
Courons ! si je pouvais le trouver au passage.

ARMAND, *à Grillemann qui sort.*

Si tu retournes à l'hôtel,
Hâte-toi ! dans le voisinage,
Tout à l'heure, on faisait tapage ;
C'était la tour de Babel :
On parlait, ou criait, on cherchait tout ensemble.

GRILLEMANN, *avec anxiété.*

Et pourquoi, capitaine?...

ARMAND.

Oh ! j'ai mal entendu.

GRILLEMANN.

Peut-être Bichonnet qui, sans être attendu,
Vient...

FANFARE.

Et si tu manquais?

GRILLEMANN, *sortant effaré.*

Ah ! je serais perdu !...

SCÈNE V.

ARMAND, FANFARE.

FANFARE.

Perdu ! c'est bien plutôt l'autre épagneul, j'en tremble !

ARMAND, *qui a relu la lettre.*
Ainsi, pour nous, plus de malheur!
A notre hymen, plus d'obstacles;
La marquise fait des miracles.
(*A Fanfare.*)
Tu ne dis rien?...

FANFARE.
Je pense, en voyant ce bonheur,
A celui que je perds, et ça me fend le cœur.
De notre affreux destin, vous savez la rigueur!
Mon amour, sans Lisette, est un brasier sans flammes,
Une barque sans rame,
Un sabre sans sa lame,
Une étoffe sans trame,
Un journal sans réclame,
Un clavecin sans gamme :
Hélas! un corps sans âme.

ARMAND.
Un tel guignon ne t'est pas dû,
Pauvre Fanfare!
Mais tout ce qui s'égare
N'est pas perdu...
Tout à l'heure, entrant, j'ai vu la Lisette
Qui, le nez au vent, et l'air tout en fête,
Ramenait en lesse un charmant roquet.

FANFARE, *vivement.*
Azor!

ARMAND.
Je le crois... car, propre, coquet,
Il a la même taille et grâce pareille;
Il portait pourtant un peu bas l'oreille,
Ainsi qu'un captif qu'on a rattrapé.
Son air tout piteux, même m'a frappé.
Je lui crie : « Azor! » Mais la pauvre bête,
N'a pas, à mon cri, détourné la tête.
Lisette riait, et courait toujours,
Et semblait ainsi braver la cohue
Qui, de tous côtés, encombrait la rue...

FANFARE, *joyeux.*
Azor qui revient, nous rend nos amours!
Ah! mon cœur à la fin ne bat plus la chamade.
Le bonheur du tambour commence son aubade!
Du vôtre, capitaine, il est le camarade.

DUO.

ARMAND.
Quel bonheur! notre mariage
Sera donc enfin achevé!

FANFARE.
Plus de gronderie et plus de tapage,
Ce maudit chien est retrouvé!

ARMAND, *relisant la lettre.*
C'est bien vrai! je relis l'épître,
Oui, notre oncle sera marquis!

FANFARE.
Même marquis du plus haut prix,
Car il paiera très-bien son titre.

ARMAND, *riant.*
Ah! quelle joie ha! ha! ha!

FANFARE, *de même.*
Qui s'attendait à tout cela?

SCÈNE VI.

LES MÊMES, CLARISSE, *entrant.*

TERZETTO.

CLARISSE, *à Armand.*
Eh! quoi, c'est vous que j'entends rire,
Lorsque contre nous tout conspire;
Vous que j'entends rire aux éclats?
Ah! Monsieur, vous ne m'aimez pas!

ARMAND
C'est cruel!

FANFARE.
Laissez-nous vous dire!

CLARISSE.
C'est inutile, je m'en vas!

ARMAND, *lui présentant la lettre.*
Mais au moins daignerez-vous lire?

CLARISSE.
Pourquoi!

ARMAND.
Lisez.

CLARISSE.
Qu'ai-je vu là?

ARMAND.
Ce qui faisait mon espérance
Et me rendait joyeux d'avance!
Mais mon cœur trop vite espéra,
Le vôtre, hélas! fait résistance.

CLARISSE, *à Armand, en lui tendant la lettre qu'il prend*
après lui avoir baisé la main.
Allez, Armand, il vous revient,
Car je vois que vous m'aimez bien.

ENSEMBLE.

ARMAND, CLARISSE, FANFARE.
Tout marche au mieux,
C'est merveilleux !
Oui, tout change
Et s'arrange.
Nous serons, je crois,
Tous heureux à la fois.

(*A la fin de l'ensemble tous trois se groupent, à droite,*
et parlent bas.)

SCÈNE VII.

LES MÊMES, BICHONNET.

BICHONNET, *entrant.*
Allons! c'est dit...
Le guignon me suit !
Je crois même, que dans la rue,
Rien qu'à ma vue,
L'on a ri.
On me montre du doigt, et l'écho redit
Sur mon passage un nom maudit.
Partout il est sur ma trace,

Il me harcelle, il me pourchasse.
(*S'arrêtant.*)
Hein !
(*Écoutant.*)
Ici tout près, que crie-t-on ?...
(*Il va à la fenêtre de gauche.*)
N'est-ce pas encore mon nom ?
Non !
ARMAND, *montrant Bichonnet.*
Il vient d'arriver, tête basse
Tristement.
FANFARE.
Il ne sait pas ce qui se passe
Assurément !
CLARISSE.
Amusons-nous de sa surprise.
BICHONNET, *qui s'est assis, toujours sans les voir.*
Rester toujours ce que je suis,
Toujours donner prise
Aux mauvais esprits...
Vil roturier, je me méprise.
(*Il se lève furieux.*)
FANFARE, ARMAND, CLARISSE, *ensemble.*
Salut à Monsieur le marquis.
BICHONNET.
Eh bien ! eh bien ! que signifie ?
LES MÊMES, *ensemble.*
Salut ! honneur !
Au nouveau grand seigneur.
BICHONNET.
Cessez, cessez ce badinage,
Je le prendrais pour un outrage.
ARMAND.
Eh ! qui parle de plaisanter ?
Qui parle de vous insulter ?
De ce billet écoutez la lecture.
(*Il lui tend la lettre de la marquise.*)
BICHONNET.
De qui vient-il ?
ARMAND, *lui approchant le billet très-près du visage.*
Voyez la signature.
(*Il prend le papier d'un air courroucé en jetant sur
Armand des regards furibonds, et l'éloignant très-
loin de ses yeux pour mieux voir, s'écrie tout
joyeux :*)
La marquise !
ARMAND, *lui prenant le billet.*
A présent, écoutez, s'il vous plaît.
(*Il lit.*)
Monsieur Bichonnet,
Que chacun connaît,
Monsieur Bichonnet,
Qu'en tous lieux on vante,
Bientôt sera fait,
Par lettre patente,
Marquis à brevet ;
Le roi le promet.
BICHONNET.
Marquis ! est-ce vrai ?
ARMAND, *achevant de lire.*
Pour condition expresse,

Il doit rester à Paris.
BICHONNET.
Oui, j'y resterai certe,
Et j'y ferai largesse
En vrai marquis.
O quel bonheur ! ô mes amis !
Embrassez-moi.
(*Il embrasse Armand qui sort en riant, tend les bras
à Clarisse qui lui fait une respectueuse révérence ;
puis machinalement il embrasse Fanfare, tout en
disant :*)
Comme on sera surpris
FANFARE, *sortant, à part.*
Comme on rira de la noblesse ;
Décidément, pour ses bassets guéris,
La dame paie assez bon prix.

SCÈNE VIII.

BICHONNET, *seul.*

Enfin ! c'est donc vrai ! je le suis,
Allons ! allons, saute marquis !

RÉCITATIF.

Je n'entendrai plus dans la rue,
Un sot bourgeois qui me salue,
Avec un air humble et bénêt,
Du nom maudit de Bichonnet.
Air.
J'aurai le titre de marquis,
Par mon talent je l'ai conquis ;
Je marcherai tête levée
Vers la grandeur que j'ai rêvée!
D'un duc et pair j'irai l'égal.
On va m'accueillir au passage
Avec le compliment d'usage :
« Salut, monsieur de Toutouval ! »
Vraiment, ce nom ne fait pas mal !
A l'oreille il sonne
De noble façon ;
Il sent sa personne
De bonne maison !
En voiture ornée,
Riche et blasonnée,
Ma noblesse en fleur
Marchera traînée ;
La belle journée
Et le bel honneur !
Le luxe me tente !
J'aurai des forêts,
Une meute ardente,
Oh ! je m'y connais !
Puis, de beaux valets,
Livrée éclatante,
Et de grands laquais
Poudrés et coquets !
Je me mets en chasse
Et si quelqu'un passe,
Admirant ma grâce,
Il me fera place.

Je suis en effet
Un marquis, presque un prince, et non plus Bichonnet.

UNE VOIX, *au dehors.*

Bichonnet! Bichonnet!

BICHONNET.

Ciel! qu'entends-je!

LA VOIX.

Bichonnet!

BICHONNET.

C'est étrange!

LA VOIX.

Bichonnet!

BICHONNET.

C'est de l'écho
Un quiproquo.

LA VOIX.

Bichonnet!

BICHONNET.

C'est pour en perdre la tête,
Et je ne sais ce qui m'arrête!
(*Levant sa canne.*)
Quoi! toujours, ah! c'est trop fort!
Allons! je le suis encor!
Ce nom en veut à ma tête,
Puisqu'ici chacun le répète!
J'irai, fuyant l'écho moqueur,
Au loin porter ma grandeur.
(*Quand Bichonnet a fini de chanter, on continue d'en-
tendre dans la coulisse.*)

Bichonnet! venez, mon petit.

BICHONNET, *furieux.*

Encore! encore!

LA VOIX.

Venez, petit, on vous adore

BICHONNET.

Oh!

LA VOIX.

Vous êtes le favori!

BICHONNET.

On n'y met plus d'équivoque,
De moi l'on se moque,
O cruel destin :
A cause des clients, railler le médecin,
Marquis, me traiter en carlin.

SCÈNE IX.

BICHONNET, CLARISSE.

BICHONNET, *qui se croit seul.*

Décidément, je pars, c'est trop atroce,
Je vais,

CLARISSE.

Commander la noce.

BICHONNET.

La noce, par exemple! oh! oh! n'y comptez plus.

CLARISSE.

Quoi?

BICHONNET.

Je pars et tu vas me suivre,

Ces cris là m'empêchent de vivre,
Ne les as-tu pas entendus.

CLARISSE.

Je n'entends rien... Mais

BICHONNET.

Je refuse,
A tout Paris, je dis adieu.

CLARISSE.

De nous sans doute, il s'amuse,
Je vais l'éprouver un peu.

DUO.

CLARISSE.

Ah! mon oncle, vous voulez rire.

BICHONNET.

Moi!

CLARISSE.

Vous vous amusez de nous.

BICHONNET.

Comment?

CLARISSE.

Laissez-moi vous le dire,
Non, vous n'êtes pas en courroux.

BICHONNET.

Tu ne crois pas que je suis en colère?

CLARISSE.

Non!

BICHONNET.

Que je suffoque.

CLARISSE.

Chimère!
Et pourquoi vous fâcheriez-vous?

BICHONNET.

Tu vas voir...

CLARISSE.

Vous aurez beau faire.

BICHONNET.

Ah! tu doutes de ma fureur,
Eh bien! pour toi la chose sera claire,
Tu vas toi-même enrager de bon cœur.
(*Il va s'asseoir à la table.*)
Vite écrivons : « Madame la marquise. »

CLARISSE.

A la marquise!

BICHONNET.

Eh! oui!

CLARISSE.

Pour la remercier!

BICHONNET, *continuant d'écrire.*

Tu verras bien... « Je viens vous supplier. »

CLARISSE.

La supplier!

BICHONNET.

« D'abord, d'excuser ma franchise... »

CLARISSE.

Comment?

BICHONNET.

« Et mon refus... »

CLARISSE

Quoi?

BICHONNET.

« Je quitte Paris,

Et je ne serai pas marquis. »

CLARISSE.

Que dit-il?

BICHONNET.

« Merci pour le titre,
Et mille pardons pour l'épître! »

CLARISSE.

Mais, mon oncle!

BICHONNET.

Signons :

CLARISSE, *qui le regarde écrire.*

C'est signé : « BICHONNET. »

BICHONNET, *se levant brusquement, sa lettre à la main,
et à chaque pas qu'il fait, faisant reculer Clarisse.*

Oui, Bichonnet, oui, Bichonnet,
Affreux nom qui sans faire grâce,
Me suit, me talonne, me chasse,
Affreux nom qui seul a tout fait!
(*Il va à la table et plie vivement sa lettre.*)

CLARISSE.

Allons, son délire est complet!

ENSEMBLE.

CLARISSE.

Mais cette folie,
Hélas, me fait peur!
Je crains qu'il n'oublie
Dans sa frénésie
Ce qui, de ma vie,
Ferait le bonheur.

BICHONNET.

Oui, je me délie,
D'un joug sans bonheur,
Je veux que ma vie,
Désormais défie
Les bruits de l'envie
Et l'écho moqueur.

BICHONNET, *prenant sa canne et son chapeau.*

Et maintenant, Clarisse, il faut me suivre,
Loin de Paris nous allons vivre.

CLARISSE.

C'est impossible!

BICHONNET.

Tu viendras...

CLARISSE.

Mais notre mariage!...

BICHONNET.

Il ne se fera pas.

CLARISSE, *l'arrêtant par le bras au moment où il va
sortir.*

PREMIER COUPLET.

Mon bon petit oncle, que j'aime,
Non, vous ne le pourrez jamais,
Vous cesseriez d'être vous-même,
Et, voyez quel péril extrême;
 Vraiment je craindrais
De vous détester désormais!
Ah! laissez que l'on vous chérisse!
Cher petit oncle de mon cœur,
N'ayez plus ce vilain caprice
Dont notre amour a si grand peur.
 On vous aimera,
 Vous carressera,

 Vous embrassera,
 Vous bichonnera.

BICHONNET, *qui peu à peu avait eu l'air de se calmer et
de s'adoucir pendant le couplet, redevient furieux.*

Hein!

CLARISSE, *répétant.*

On vous bichonnera!

BICHONNET.

Peut-on m'insulter jusque-là...

CLARISSE. *Pendant la ritournelle, elle a ôté à Bichonnet,
qui continue de gesticuler avec fureur, sa canne et
son chapeau, et elle le retient par le bras.*

DEUXIÈME COUPLET.

Mon petit oncle, je vous prie,
Jugez, quel bonheur à nous trois:
Dans les champs, à la métairie,
Nous mènerions si douce vie;
 Nous serions cent fois
Plus heureux que marquis et rois.
Vous ne pouvez vous en défendre,
Déjà, vous n'êtes plus grondeur,
Oui, déjà, vous brûlez de prendre
Votre part dans notre bonheur.
 On vous aimera,
 Vous carressera,
 Vous embrassera,
 Vous bichonnera.

BICHONNET, *qui comme tout à l'heure s'est laissé adoucir au point de tendre les bras à Clarisse, redevenant
tout à coup furieux.*

Hein!

CLARISSE.

Oui, vous bichonnera!

BICHONNET.

Peut-on m'insulter jusque-là...
Non! non! je suis intraitable!
 Inexorable!
 Implacable!
Les nobles me sont odieux.
 Aucun d'eux
 N'aura ma nièce,
Ton Armand avec sa noblesse,
Je le renvoie... à ses aïeux.

REPRISE DE L'ENSEMBLE.

(*A la fin du duo est arrivé Armand, Bichonnet le voit,
met fièrement son chapeau et passe devant lui d'un
air furibond.*)

SCENE X.

CLARISSE, ARMAND.

ARMAND.

Qu'a donc votre oncle, Clarisse,
Quel est ce nouveau caprice?
Il est, ou bien furieux,
 Ou, bien orgueilleux.

CLARISSE.

Furieux, est le mot,

ARMAND.

Et pourquoi?

CLARISSE.
Je l'ignore!

ARMAND.
Lui faut-il quelque titre encore,
N'est-il pas content du sien.

CLARISSE.
Non... car à présent, au contraire
Il le refuse avec colère.
De la marquise, il ne veut rien ;
En un mot, c'est incroyable.
Au bout du monde, il veut fuir,
Il veut s'en aller...

ARMAND.
Au diable!
Eh bien! laissons-le partir,
Maître Satan peut-être a des chiens à guérir.
Et que nous fait à nous, tout ce qu'il voudra faire?
Traitons donc cela de chimère.
Si notre cœur nous reste, avec une chaumière,
C'est ce que me disait dans le Palais-Royal
Un poëte, qui met l'amour en madrigal :
Il a fait là dessus, en style pastoral,
Quelques couplets trumeaux,

CLARISSE.
Ah! voyons.

ARMAND.
Oui, ma reine,
Je vous en dirai deux avec la mise en scène.

(*Pendant la ritournelle avec accompagnement de haut-*
bois, Armand fait avec Clarisse deux pas de menuet,
tout en la conduisant au fauteuil qui est à droite;
quand elle est assise, il met un genou en terre, lui
baise la main, s'éloigne de quelques pas, à reculons,
la contemple en soupirant et commence le couplet.)

PASTORALE.
Le berger, près de sa bergère,
S'est reposé sur la verte fougère.
Contant son martyre amoureux,
Il goûte au vrai bonheur des dieux.
L'herbe vient de naître ;
Au son des pipeaux
Les tendres agneaux
Bondissant vont paître.

CLARISSE, *se levant vivement.*
Mais si l'oncle vient furieux ?

ARMAND.
On l'envoie paître avec eux.
(*Pendant la ritournelle même jeu que tout à l'heure.*)
Sur le front de ce qu'il adore,
Il pose les présents de Flore ;
Moins encore pour l'embellir
Que pour les faire tous pâlir.
Puis l'écho répète
Les chants de bonheur,
Que son tendre cœur
Dit à sa musette.

CLARISSE.
Mais, si, grondant l'oncle apparaît.

ARMAND.
C'est aussi, comme s'il chantait.
(*Armand et Clarisse se font, l'un à l'autre, un très-*
tendre salut.)

SCÈNE XI.

LES MÊMES, FANFARE.

FANFARE, *entrant effrayé.*
Ah ! Mademoiselle, ah ! Monsieur, de grâce,
Dites-moi donc ce qui se passe :
Monsieur Bichonnet, tout à l'heure, en bas
Avec grand fracas,
D'un départ lointain donnait l'ordre;
Il vociférait, il grinçait des dents,
Partout, il cherchait à mordre,
On eut dit un de ses clients.

CLARISSE.
Voilà bien ce qu'il faisait craindre,
Fanfare, ah ! nous sommes à plaindre;
Nous n'aurons plus de bonheur.

FANFARE.
Je gémis de ce crève-cœur,
D'autant qu'à moi, tout me prospère.

ARMAND.
Ah !

FANFARE.
J'obtiens plus que je n'espère,
Je cherchais, vous savez, tantôt un épagneul,
Maintenant au lieu d'un seul,
La fortune est singulière!
J'en ai deux.

CLARISSE.
Vrai.

FANFARE.
C'est trop bien.
(*A Armand.*)
Ce matin, quand vous l'avez vue,
Courant joyeuse dans la rue,
Lisette avait trouvé le sien...
Moi, je retrouve aussi le mien,
Mais, si je n'ai la berlue,
Ce dernier de la tante est seul le vrai trésor,
C'est le véritable Azor!

ARMAND.
Mais l'autre? quel est-il?

FANFARE.
Il vient je ne sais d'où?
(*A part*)   [porte
A moins que, si j'en crois un soupçon... mais n'im-
Anonyme Bichon, mystérieux toutou,
La tante a trop bon cœur pour te mettre à la porte.

ARMAND.
Va, ton bonheur nous charmerait,
Si notre cœur, hélas ! n'était trop inquiet
De ce que fera Bichonnet.

SCÈNE XII.

LES MÊMES, GRILLEMANN.

GRILLEMANN, *entrant effaré.*
Bichonnet !... qu'en pouvez-vous dire,

Oh! parlez, parlez, s'il vous plaît,
Dites, en quel lieu secret
Le malheureux se retire...
Pour lui, partout on fait le guet...
Il s'est enfui !...

ARMAND, CLARISSE.

Grands dieux ! courons.

(*Ils sortent.*)

FANFARE.

Quel trouble fête

GRILLEMANN.

Et, j'en réponds, moi, sur ma tête,
Oh! mon petit, Fanfare, ô toi qui le connais
Où donc est-il? car, tu le sais,
C'est à toi seul que je me fie!
O parle, il y va de ma vie :
Il faut, c'est positif,
L'ordre est impératif,
Aller d'un pas actif
Et très-expéditif,
Chercher le fugitif,
Et devint-on poussif,
Qu'il soit ou non retif,
En le faisant captif
L'amener mort ou vif.

FANFARE.

Mort !

GRILLEMANN.

C'est définitif !
Mais l'amour excessif,
Même exagératif
Par un palliatif
Assez consolatif,
Prendra pour le chétif
Un moyen... décisif,
Assez desiccatif,
Même diminutif,
Mais très–conservatif.

FANFARE, *riant.*

C'est désopilatif!

(*A part.*)

On veut l'avoir, vaille que vaille,
Et s'il est défunt, on l'empaille ;
Ma foi! c'est le moyen de vivre longuement.

(*Haut.*)

Mais pour le connaître, pourtant?

GRILLEMANN, *lui présentant un papier.*

Tiens, voici son signalement.

FANFARE, *lisant.*

Regards vifs, air intelligent,
Belles dents, très-longues oreilles.

(*A part.*)

Mon bichonnet les a pareilles.

GRILLEMANN.

Eh bien? dis!

FANFARE.

Je sais ce que c'est...

GRILLEMANN.

Le verrai-je, réponds ?

FANFARE, *voyant Bichonnet qui entre.*

Silence ! et l'œil au guet.

SCÈNE XIII.

LES MÊMES, *se parlant bas, à droite;* BICHONNET.

FINAL.

BICHONNET, *entrant effaré, se bouchant les oreilles.*

Quel tapage,
C'est une rage.
Dans le voisinage,
Partout un seul mot résonnait :
Bichonnet, Bichonnet! (*Quatre fois.*)

GRILLEMANN, *écoutant.*

Que dit-il; Bichonnet?
Il le connaît?

FANFARE, *riant sous cape.*

Peut-être!
Oui, je crois qu'il doit le connaître.

BICHONNET, *qui se croit seul, à part.*

Tout ceci doit être
Une trahison,
Une mystification !

GRILLEMANN, *bas, à Fanfare.*

Cet homme-là, me donne des soupçons.
Si c'était lui!

FANFARE.

Peut-être!... écoutons!

GRILLEMANN.

Écoutons!

BICHONNET.

N'importe! je vais disparaître.
Aller très-loin...

GRILLEMANN.

C'est bien cela,
Il croit qu'il nous échappera.

BICHONNET.

Ma lettre est remise
A la marquise.
Elle sait à présent que je quitte Paris...

GRILLEMANN, *traversant le théâtre derrière Bichonnet,
et agitant sa longue canne de suisse.*

Mais pour te retenir, tous les moyens sont pris.

BICHONNET.

Sans craindre personne
Qui m'espionne,
Me persiffle, me talonne..

GRILLEMANN.

Entendez-vous, comme il raisonne!

BICHONNET.

Libre comme l'air, je fuis...

ENSEMBLE.

BICHONNET.

Pour bien m'en venger,
Nous allons changer

De rôle.
Je vais les tromper,
C'est drôle!
Je vais m'échapper.
GRILLEMANN.
Il faut me montrer,
Il faut bien jouer
Mon rôle.
Il croit échapper,
Le drôle...
Je vais l'attraper.
FANFARE.
Sans rien avouer,
Voyons-les jouer
Leur rôle.
Seul, je vais tromper,
C'est drôle!
Et les attraper.
BICHONNET, *faisant un pas vers la porte.*
Partons!
GRILLEMANN, *se mettant devant lui et le faisant reculer*
jusqu'à Fanfare.
Monsieur!
BICHONNET.
Monsieur, que veut-on, s'il vous plaît?
GRILLEMANN.
Je cherche un certain Bichonnet.
FANFARE.
Il cherche un certain Bichonnet.

(*Fanfare qui a pris dans un coin la canne que Bichon-*
net y avait laissée, la met, la pointe en avant, sur la
poitrine de Bichonnet, et se joint à Grillemann qui
en fait autant, pour faire reculer Bichonnet vers la
gauche.)

FANFARE, *à Grillemann.*
Comme on voit déjà sa surprise!
GRILLEMANN.
Et je viens de chez la marquise.
BICHONNET.
Que me veut-elle?
GRILLEMANN.
Ah! c'est donc vous!
Alors, Monsieur, suivez-nous.
(*Il lui met la main au collet.*)
BICHONNET.
Pourquoi?
GRILLEMANN.
C'est que je vous arrête.
(*Fanfare le saisit de l'autre côté.*)
BICHONNET.
Encor!
GRILLEMANN.
J'en réponds sur ma tête.
BICHONNET.
On me retient par force, mais
Mais, Monsieur, si je résistais.
GRILLEMANN.
Monsieur, je le regretterais,
(*Frappant un grand coup de sa canne par terre.*)
Et puis après
Je vous tuerais.

BICHONNET.
Moi, me tuer!
GRILLEMANN.
Et puis encore après...
BICHONNET.
Après! que peut-on faire après?
GRILLEMANN.
Je vous empaillerais.
BICHONNET, *riant.*
M'empailler! ah! ah! ah!
GRILLEMANN.
C'est l'ordre de Madame.
FANFARE.
C'est le dernier mot du programme.
BICHONNET, *exaspéré.*
Cet homme est le plus fou des fous.
FANFARE.
De grâce, Monsieur, calmez-vous.

ENSEMBLE.

BICHONNET.
C'est effroyable,
Abominable ;
Mais on verra,
Je tiendrai tête
A la tempête!
Je reste là.
GRILLEMANN.
C'est incroyable,
Il fait le diable,
Quel embarras!
Mais s'il tempête,
D'un mot j'arrête
Tous ces débats.
FANFARE.
C'est un vrai diable,
Fort intraitable,
Mais restons-là,
Gardons sa tête,
Et la tempête
S'arrêtera.

SCÈNE XIV.

Après le dernier ensemble CLARISSE ET ARMAND
entrent. — Parlé.

ARMAND.
Quel bruit!
CLARISSE.
Qu'arrive-t-il?
BICHONNET, *qui s'est assis, atterré.*
Tu le sauras.
(*Armand et Clarisse l'entourent.*)
FANFARE, *à part.*
C'est assez loin pousser la chose,
En vérité,
Retournons la métamorphose
Pour notre docteur démonté ;

Afin que l'aventure
Qui trop dure
Finisse en deux mots,
Allons chercher l'autre héros.

(*Il sort un instant.*)

CLARISSE, *à Bichonnet.*

Mais parlez...

ARMAND.

Nous brûlons d'entendre...

BICHONNET.

Eh bien ! vous allez donc l'apprendre.

(*Il s'est levé en voyant Fanfare qui revient.*)

FANFARE, **en amenant le chien.**

Voyez,
Messieurs, admirez
Quel sujet charmant,
Pour un dénoûment.
Il vient
Tout mener à bien,
Car c'est
Le vrai Bichonnet !

REPRISE EN CHOEUR.

Voyez,
Messieurs, admirez, etc.

BICHONNET. (*Parlé.*)

La journée, allons, fut rude,
De deux rôles j'ai fait l'étude ;
Je fus presque marquis, et je fus presque... bien,
Je reste un pauvre homme de rien,
Très-riche, très-bon oncle et vous aimant bien tous ;
A ce titre, il en vaut bien d'autres,
Comme dernières patenôtres,
Je vous bénis, heureux époux.

CLARISSE, *au public.*

Pour le héros de cette pièce,
Ayez au moins quelque caresse,
Quelques bonbons, quelques douceurs,
Que partageront les auteurs.

REPRISE EN CHOEUR DU COUPLET FINAL.

FIN.

La partition, piano et chant, se trouve chez M. CHALLIOT, éditeur, rue Saint-Honoré, 354.

LAGNY. — Imprimerie de VIALAT et Cie.

EN VENTE CHEZ LE MÊME ÉDITEUR :

EN VENTE

CHEZ LE MÊME ÉDITEUR ET CHEZ TOUS LES LIBRAIRES :

LES DRAMES DU FOYER

Par MM. G. LAPOINTE et F. de REIFFENBERG. — Un vol. format Charpentier. Prix 2 fr. 50 c.

LAGNY — Imprimerie de VIALAT et Cie